À plus!

Cahier de vacances

Das Ferienheft 1

Cornelsen

À plus!

Cahier de vacances – Das Ferienheft 1

Im Auftrag des Verlages erarbeitet von
Catherine Jorissen

und der Redaktion Französisch
Anne Lapanouse

Illustration: Laurent Lalo
Umschlaggestaltung: Katrin Nehm
Layout und technische Umsetzung: graphitecture book, Rosenheim

Fotos: © Pixelio, S. 33 (rechts, Mitte und links) – © Cornelsen, S. 34 (oben und unten) – © Le Doaré-Ville de Biarritz, S. 35 – © Le Doaré-Ville de Biarritz, S. 37 – © Pixelio, S. 38 (oben und unten) – © Pixelio, S. 39

www.cornelsen.de

1. Auflage, 4. Druck 2014

Druck: Stürtz GmbH, Würzburg

ISBN 978-3-06-020301-7

PEFC
PEFC/04-31-1404

PEFC zertifiziert
Dieses Produkt stammt aus nachhaltig bewirtschafteten Wäldern und kontrollierten Quellen.

www.pefc.de

Inhalt

Vorwort

Liebe Eltern,

Liebe Schülerinnen und Schüler,

sicherlich sind die Ferien zur Erholung da, aber wer hat nicht schon einmal darüber nachgedacht, sich doch ein wenig auf das neue Schuljahr vorzubereiten? Die *À plus!* Ferienhefte bieten eine ideale Möglichkeit, den Stoff des vergangenen Schuljahres auf angenehme und effiziente Weise zu wiederholen:

- abwechslungsreiche Wortschatz- und Grammatikaufgaben laden zum Nachdenken, Üben und Knobeln ein
- Lektüren schaffen spannende Lesererlebnisse in der Fremdsprache
- zwei kleine Landeskundequiz aktivieren die Kenntnisse über Land und Leute
- das eingelegte Lösungsheft ermöglicht eine unkomplizierte Überprüfung.

Da bleibt nur noch zu wünschen:

Bonnes vacances et à plus!

Ihre/Eure Französischredaktion

Wortschatz

1 La famille de Xavier *Kannst du herausfinden, um wen es sich handelt?*

1. C'est le père du père de Xavier. C'est Didier ______.
2. C'est la fille de la sœur du père de Xavier. ______.
3. C'est le fils de la grand-mère de Xavier. ______.
4. C'est le frère de Xavier. ______.
5. Ce sont les parents du père de Xavier. ______.
6. C'est la tante de Xavier. ______.

2 Qu'est-ce qu'on dit? Se présenter *Kannst du diese Botschaft entziffern? Schreibe die Lösung in ein Heft.*

Je m'appelle Louise Blanc. Je suis en sixième au collège Clément Marot, à Lyon. J'ai onze ans. J'habite dans le quartier de la Croix-Rousse. J'ai une sœur. Elle s'appelle Marie et elle a neuf ans. On a deux chats, Zizou et Pitti. J'ai une amie, Flora. Elle est dans ma classe. Et toi, tu as des frères et sœurs? Tu as des animaux? À plus! Louise

Wortschatz

3 La famille et les amis

Findest du die 21 Nomen? Du kannst das Raster von links nach rechts und von oben nach unten lesen. Die übrigen Buchstaben ergeben einen Satz. Findest du ihn?

J	M	A	M	A	N	E	E	N	F	A	N	T	V	C
A	I	S	P	M	É	M	É	F	R	M	E	V	T	H
C	O	P	A	I	N	R	F	I	O	I	U	O	V	I
E	P	È	R	E	P	R	R	L	C	O	P	I	N	E
M	E	S	E	C	A	M	È	L	H	O	É	S	P	N
G	R	A	N	D	P	È	R	E	A	A	P	I	I	N
T	A	N	T	E	A	R	E	S	T	E	É	N	T	C
F	I	L	S	S	O	E	U	R	O	P	I	N	E	S

Phrase solution: ______________________________

4 Les mots exacts

Clara hat Schwierigkeiten, die passenden Begriffe zu nennen. Kannst du ihr helfen?

1. bus – 2. chambre – 3. copains – 4. dîner – 5. e-mails – 6. films d'horreur – 7. histoires drôles – 8. jardin – 9. lit – 10. maison – 11. mercredi – 12. musique – 13. parc – 14. photos – 15. quartier – 16. télévision – 17. temps

1 Le truc ☐ après-midi, je vais au truc ☐ avec mes trucs ☐ et on fait des trucs ☐. Après, on va chez Éléna à pied ou bien on prend le truc ☐. Elle habite dans mon truc ☐.

2 Quand je suis chez Éléna, son frère est toujours devant la truc ☐ et il regarde des trucs ☐. Nous, on va dans la truc ☐ d'Éléna et on écoute de la truc ☐. Quand il fait chaud, on va discuter dans son truc ☐.

3 Éléna est très marrante: elle raconte des trucs ☐. Avec elle, le truc ☐ passe vite!

4 Quand je rentre à la truc ☐, je prépare le truc ☐ avec ma mère. On mange, je regarde mes trucs ☐ et je vais au truc ☐.

5 Les contraires[1] *Kannst du dieses Kreuzworträtsel auf Französisch lösen?*

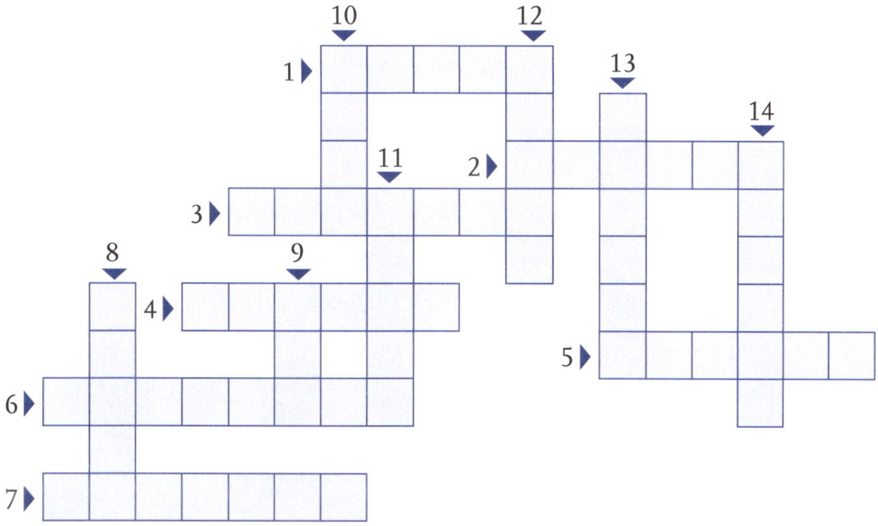

1. L'après-midi, c'est [?] le matin et avant le soir.
2. Le contraire de « arriver ».
3. Mon père ne travaille pas, il est au [?].
4. Un contraire de « content ».
5. Vous [?] ou vous sortez?
6. Un problème a toujours une [?].
7. Je [?] l'heure à Noé, et il répond.
8. Luc déteste les chats, mais Léa les [?].
9. – Luc est là-bas? – Non, il est [?].
10. On ne le dit pas quand on rencontre un copain mais quand on téléphone.
11. Le contraire de « soir ».
12. – Ce film est nul! – Mais non, il est [?]!
13. Le contraire de « gauche ».
14. Elle est en avance. Mais Pierre est en [?].

1 **le contraire (de)** das Gegenteil (von)

6 Le collège *Beschreibe dieses Bild, indem du die Lücken füllst. Schreibe die Nomen mit dem bestimmten Artikel.*

7 Qu'est-ce qu'on dit? Au CDI

Kannst du den Dialog wiederherstellen? Schreibe die Nummern der Sätze in die Sprechblasen.

1. – Oui, c'est pour moi.
2. – Avec un i. J-a-k-o-w-s-k-i.
3. – Madame, où sont les ordinateurs?
4. – Là-bas, sur la table.
5. – Bon, l'atlas, c'est pour toi?
6. – Oui, à gauche, sur l'étagère.
7. – Et tu t'appelles comment?
8. – Madame, il y a des livres de Jules Verne?
9. – Avec un i ou un y? Épèle, s'il te plaît!
10. – Philippe Jakowski.

8 Les jours de la semaine et les mois de l'année

Findest du die 16 Wochentage und Monate des Jahres? Du kannst das Raster von links nach rechts und von oben nach unten lesen. Es fehlen zwei Monate und ein Wochentag. Schreibe diese unten auf.

J	U	N	I	D	F	N	O	V	E	M	B	R	E	M	T
O	C	T	O	B	R	E	J	U	I	L	L	E	T	A	J
D	I	M	A	N	C	H	E	D	É	C	E	M	B	R	E
J	A	N	V	I	E	R	U	I	D	M	A	R	Z	D	U
U	M	E	R	C	R	E	D	I	S	A	M	E	D	I	E
I	A	L	I	N	D	T	I	V	E	R	A	O	Û	T	R
N	R	U	L	U	N	D	I	G	K	S	I	T	S	A	E

Mois: ______________________________ – Jour: ______________

9 Les jours de la semaine et les mois de l'année

Rechne aus, auf welche Wochentage diese Termine fallen. Schreibe die Tage auf.

Janvier		
jeudi	14	Concert avec Léo
______	23	Mémé
______	25	Cinéma avec Élodie
______	27	Piscine avec Magda

RAPPELLE-TOI!

Montags = le lundi (mit Artikel)
am Montag = lundi (ohne Artikel)

10 L'école

Findest du die 22 Nomen? Du kannst das Raster von links nach rechts und von oben nach unten lesen. Die übrigen Buchstaben ergeben einen Satz. Findest du ihn?

C	E	S	T	L	F	E	X	E	R	C	I	C	E	A
M	A	T	H	S	R	M	R	E	N	T	C	O	U	R
R	É	E	L	A	A	P	U	R	A	E	A	U	T	G
S	R	E	S	C	N	L	I	V	R	E	N	R	A	É
O	E	P	L	E	Ç	O	N	H	A	I	T	S	N	O
S	N	N	S	D	A	I	E	I	C	D	I	C	G	G
P	T	I	N	Q	I	D	E	S	S	I	N	U	L	R
O	R	I	P	È	S	U	M	T	E	B	E	A	A	A
R	É	C	R	É	A	T	I	O	N	R	R	I	I	P
T	E	V	O	L	E	E	N	I	T	A	U	C	S	H
O	L	L	F	È	È	M	G	R	E	C	L	É	M	I
E	N	T	S	V	T	P	D	E	V	O	I	R	S	E
M	A	R	O	E	T	S	B	U	L	L	E	T	I	N

Phrase solution: ______________________

____

____

RAPPELLE-TOI!

le cours = der Unterricht
la cour = der Hof

Wortschatz

11 **L'emploi du temps** *Ergänze den Stundenplan mit Nomen aus Übung 10. Schreibe die Nomen mit dem bestimmten Artikel.*

RAPPELLE-TOI!

le gymnase = die Turnhalle

	Lundi	Mardi
9–9.55h	 ________	 ________
	 ________	 ________
10.15–11.10h	 ________	 ________
11.15–12.10h		 ________
	 ________	 ________
14–14.55h	 ________	 ________
15–15.55h		 ________

12 Qu'est-ce qu'on dit? L'heure et le temps *Kreise die richtige Übersetzung ein.*

1. Du kommst zu spät.
   a Tu es en retard. b Tu es trop tard. c Tu es en avance
2. Es ist zwölf Uhr Mittag.
   a Il est à midi. b Il est minuit. c Il est midi.
3. Es ist Zeit!
   a C'est à l'heure. b C'est le temps. c C'est l'heure.
4. Du kommst zu früh.
   a Tu es trop tôt. b Tu es en avance. c Tu es à l'avance.
5. Wie viel Uhr ist es?
   a Il est l'heure? b Il est à l'heure? c Il est quelle heure?
6. Es ist halb drei.
   a Il est trois heures et demie. b Il est deux heures et demie.
   c Il est trois heures et quart.
7. Ich arbeite bis 16 Uhr 40.
   a Je travaille à cinq heures moins vingt. b Je travaille jusque quatre heures quarante.
   c Je travaille jusqu'à cinq heures moins vingt.
8. Um wie viel Uhr gehst du ins Schwimmbad?
   a Quelle heure tu vas à la piscine? b Quelle heure est-ce que tu vas à la piscine?
   c À quelle heure est-ce que tu vas à la piscine?

13 Qu'est-ce qu'on dit? Faire des propositions *Versuche den Code zu knacken.*

Exemple: Vw eqortgnfu? → Tu comprends?

– Sw'guv-eg sw'qp hckv? Qp xc cw ektswg?

____

– Ng ektswg, e'guv pwn! Vw pg rtghgtgu rcu ng ekpg?

____

– Qj pqp, lg pg uwku rcu f'ceeqtf! Lg p'ckog rcu ngu hknou.

____

– Qp rgwv cwuuk cnngt c nc rkuekpg.

____

– F'ceeqtf, lg xgwz dkgp.

____

14

Les animaux *Um welches Tier geht es? Kannst du die Nomen auf Französisch finden? Schreibe sie mit dem bestimmten Artikel.*

1. Dieses Nagetier ist weltweit verbreitet und sehr anpassungsfähig: ______________________.
2. Dieses Tier kann den Sauerstoff nicht aus der Luft, sondern aus dem Wasser aufnehmen: ______________________.
3. Dieses Tier kann über sechs Tonnen wiegen: ______________________.
4. Dieses Tier ist mit dem Wolf verwandt: ______________________.
5. Dieses Tier gibt es schon seit über 200 Millionen Jahren und seit jener Zeit hat es sich kaum verändert: ______________________.
6. Dieses Tier stammt aus Peru und gilt dort als Delikatesse: ______________________.
7. Dieses Tier kann sich in der Luft drehen und über 1,5 Meter hohe Sprünge aus dem Stand machen: ______________________.

15

Les mots déguisés *Versuche diese Wörter zu entziffern!*

1. la v☺rit☺ ______________________
2. la l☺g☺nd☺ ______________________
3. le p☺r☺ ______________________
4. le r☺v☺il ______________________
5. la m☺moir☺ ______________________
6. le dossi☺r ______________________
7. la r☺cr☺ation ______________________
8. les d☺tt☺s ______________________
9. la moiti☺ ______________________
10. le d☺faut ______________________

16 La ville *Was macht Clara heute? Nummeriere die Kästchen in der richtigen Reihenfolge ihres Tagesablaufes.*

J'arrive à la gare,
j'achète un pain au chocolat à la boulangerie. Puis je traverse[1]
le pont et je visite le musée. À midi, j'achète des fruits au marché
devant l'hôpital, et je les mange sur la colline du parc. Après, je
vais à la piscine. Le soir, je regarde un film au cinéma.
Quel mercredi!

1 traverser überqueren

17 Le mot mystère *Kannst du die Wörter ergänzen? Die fehlenden Buchstaben ergeben ein Wort.*

				C	H		N	S	O	N	
					A		S				
				C	O		T	E	N	T	
	M	A	G	A	S		N				
				D	E		I	N	E	R	
			G	Â	T		A	U			
			A	D	O		E	R			
				A	S		I	E	T	T	E
					C		D	E	A	U	
		C	O	P	A		N	S			
A	C	H	E	T	E						
		B	O	U	T		I	L	L	E	

18 **Les métiers** *Rate mal, um welche Berufsbezeichnungen es sich handelt. Trage sie auf Französisch in das Kreuzworträtsel ein.*

1

2

3

4

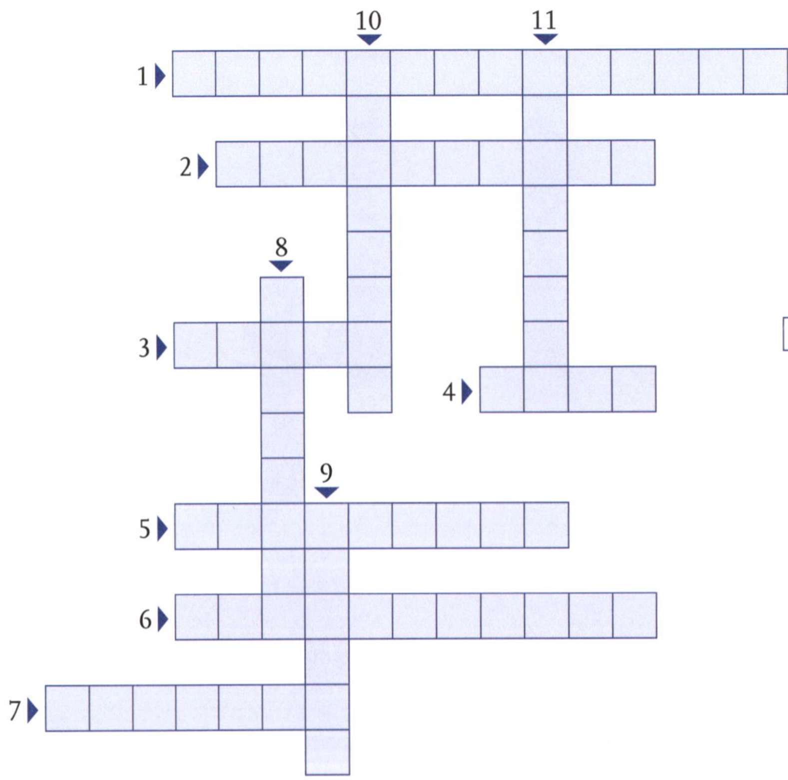

5

6

7

8

9

10

11

19 Qu'est-ce qu'on dit? *Das Übersetzungsprogramm spielt verrückt. Ergänze die Sätze.*

LEO Ergebnisse für "bedeuten" - Mozilla Firefox
Datei Bearbeiten Ansicht Chronik Lesezeichen Extras Hilfe
http://dict.leo.org/ Google 40 x 25
LEO Ergebnisse für "bedeuten"

LEO Ein Online-Service der LEO GmbH

Deutsch-Englisch	Deutsch-Französisch	Deutsch-Spanisch	Deutsch-Italienisch
Wörterbuch | Forum | Trainer	Wörterbuch | Forum | Trainer	Wörterbuch | Forum | Trainer	Wörterbuch | Forum | Trainer

1. Was bedeutet das? Qu'est-ce que ça ____________________?
2. Was ist das? ____________________ est-ce que c'est?
3. Man kann nicht viel mit zehn Euro machen. On ____________________ avec dix euros.
4. Man kann eine Menge mit zehn Euro machen! On peut ____________________ de trucs avec dix euros.
5. Vergiss es! Laisse ____________________!
6. Du wirst schon sehen. Tu vas ____________________.
7. Deine Probleme gehen mich nichts an. Tes problèmes ne me ____________________ pas.
8. Deine Probleme interessieren mich nicht! Tes problèmes ne m'____________________ pas.

20 Qu'est-ce qu'on dit? Les activités *Kannst du Ordnung in diesen Dialog bringen? Nummeriere die Sätze von 1 bis 8.*

- [ ] – Il y a un spectacle de danse au théâtre.
- [ ] – Tu veux photographier les immeubles dans mon quartier?
- [ ] – Je sais, mais il n'y a plus de places.
- [1] – Qu'est-ce qu'on fait samedi? On va au cirque?
- [ ] – Ah oui, j'aime la photo.
- [ ] – Oh non, je n'aime pas trop les films.
- [ ] – Non, je déteste les numéros de clowns.
- [ ] – Tu préfères le cinéma?

21

La maison *Kannst du diesen Wohnungsgrundriss mit den Nomen auf Französisch ausfüllen? Schreibe sie mit dem bestimmten Artikel.*

22

Qu'est-ce qu'on dit? Faire les courses au marché
Versuche den Code zu knacken.

Client: B4nj45r, M4ns325r, j2 v45dr13s d25x k3l4s d2 p4mm2s d2 t2rr2, s'3l v45s pl13t.

RAPPELLE-TOI!
faire des courses = shoppen
faire les courses = (Lebensmittel) einkaufen

Marchand: V43l1!

Client: 3ls c45t2nt c4mb32n, l2s p43vr4ns?

Marchand: N25f 25r4s, l2 k3l4.

Client: C'2st tr4p ch2r! 2t l2s t4m1t2s, 2ll2s c45t2nt c4mb32n?

Marchand: Tr43s 25r4s, l2 k3l4.

Client: 1l4rs, j2 v13s pr2ndr2 5n k3l4 d2 t4m1t2s.

Marchand: V43l1! C'2st t45t?

Client: 453, ç1 f13t c4mb32n?

Marchand: Ç1 f13t s3x 25r4s s43x1nt2.

23 **Le CDI** *Kannst du diese Zeichnung mit den Nomen auf Französisch vervollständigen? Schreibe sie mit dem unbestimmten Artikel im Singular oder im Plural.*

Quiz: Wer ist wer?

Qui est-ce? *Kannst du dich daran erinnern?*

1 Der Erfinder des ersten elektrischen Telegrafen.

- a ☐ Jacques Tardi
- b ☐ André-Marie Ampère
- c ☐ Gérard Depardieu
- d ☐ Louis Lumière

2 Der Kasper des französischen Puppentheaters.

- a ☐ Guignol
- b ☐ Tintin
- c ☐ Paul Bocuse
- d ☐ Lucky Luke

3 Ein französischer Dichter des 16. Jahrhunderts.

- a ☐ Antoine de Saint-Exupéry
- b ☐ Émile Zola
- c ☐ Clément Marot
- d ☐ Paul Bocuse

4 Einer der berühmtesten Schauspieler Frankreichs.

- a ☐ Guillaume Canet
- b ☐ Gérard Depardieu
- c ☐ Paul Bocuse
- d ☐ Zinédine Zidane

5 Der Erfinder des Cinematografen mit seinem Bruder.

- a ☐ Jacques Tardi
- b ☐ Antoine de Saint-Exupéry
- c ☐ André-Marie Ampère
- d ☐ Louis Lumière

6 Pilot und Schriftsteller. Sein Buch „Le Petit Prince“ ist sein größter Erfolg.

- a ☐ Antoine de Saint-Exupéry
- b ☐ Victor Hugo
- c ☐ Clément Marot
- d ☐ Émile Zola

7 Ein berühmter französischer Comic-Zeichner.

- a ☐ Antoine de Saint-Exupéry
- b ☐ Tintin
- c ☐ Paul Bocuse
- d ☐ Jacques Tardi

8 Ein Dichter des 17. Jahrhunderts. Er wurde durch seine Fabeln sehr berühmt.

- a ☐ Antoine de Saint-Exupéry
- b ☐ Jean de la Fontaine
- c ☐ Clément Marot
- d ☐ Victor Hugo

9 Ein weltberühmter Starkoch. Sein Restaurant in Lyon ist eine Institution.

- a ☐ André-Marie Ampère
- b ☐ Gérard Depardieu
- c ☐ Paul Bocuse
- d ☐ Antoine de Saint-Exupéry

10 Die Hauptfigur einer Comic-Serie des Belgiers Hergé. Sein Hund heißt Milou.

- a ☐ Guignol
- b ☐ Tintin
- c ☐ Lucky Luke
- d ☐ Pinocchio

1 Der bestimmte Artikel *Finde heraus, um welche Gegenstände es geht. Verwende den bestimmten Artikel.*

1. Ils sont sous la chaise: ______________________.
2. Ils sont sur la chaise: ______________________.
3. Il est sur le lit: ______________________.
4. Elle est aussi sur le lit: ______________________.
5. Elle est sur la porte: ______________________.
6. Il est sur la table: ______________________.
7. Elle est aussi sur la table: ______________________.
8. Il est sur l'armoire: ______________________.

2 Der unbestimmte Artikel *Rate mal, was dargestellt ist. Verwende* C'est *oder* Ce sont *und den unbestimmten Artikel.*

______________________ ______________________ ______________________

______________________ ______________________ ______________________

4

5
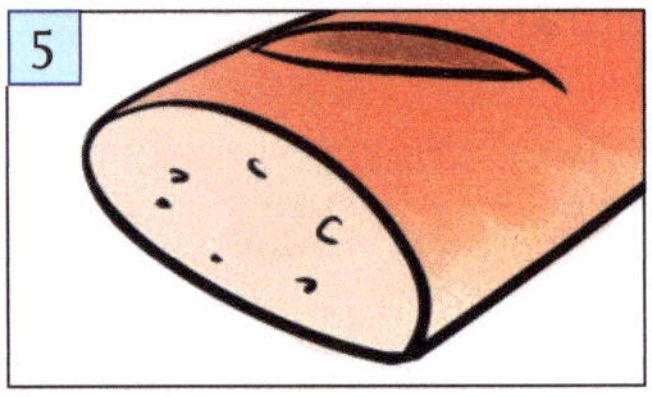

6
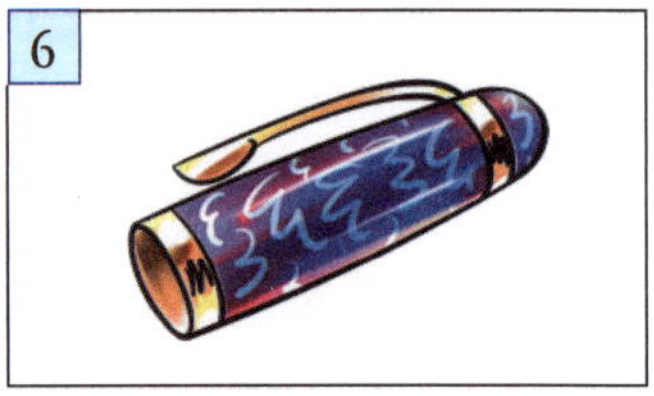

______________ ______________ ______________

______________ ______________ ______________

3 **„Être", „aller" und „avoir"** *Kreuze die richtige Antwort an und schreibe die Infinitivform des Verbs in Klammern.*

1. Où ? mes bédés?	est	êtes	sont	(____________)
2. Tu ? quel âge?	es	ai	as	(____________)
3. Nous ? le temps!	avons	allons	ont	(____________)
4. Ce CD ? super!	ai	est	es	(____________)
5. Vous ? chez Sarah?	avez	allez	aller	(____________)
6. Tu ? aussi en sixième?	ai	suis	es	(____________)
7. Ils ? des copains à Paris.	sont	ont	avons	(____________)
8. Elles ? au collège.	vont	va	allons	(____________)

4 **Die Possessivbegleiter** *Kannst du das Bild beschreiben, indem du so oft wie möglich den Possessivbegleiter* son, sa, ses *oder* leurs *verwendest?*

La dame est avec ses enfants.

VOCABULAIRE: **la glace** das Eis

5 Die Possessivbegleiter

Stelle dir vor, du wärest Pierre. Kannst du herausfinden, von wem seine Freundin Clara redet? Verwende C'est *oder* Ce sont *und den Possessivbegleiter.*

copains – cochon d'Inde – frères et sœurs – grands-parents – mère – prof de français – voisins

Ils sont dans notre classe et ils sont sympa.

Ce sont nos copains.

1. *Clara:* Ce sont les parents de mon père.

   Pierre: ______

2. *Clara:* Elle travaille dans un hôpital et rentre tard chez toi.

   Pierre: ______

3. *Clara:* Il adore les carottes et habite dans ta chambre.

   Pierre: ______

4. *Clara:* Ils habitent près de chez moi.

   Pierre: ______

5. *Clara:* Il donne beaucoup de devoirs.

   Pierre: ______

6. *Clara:* Tu fais souvent leurs devoirs.

   Pierre: ______

RAPPELLE-TOI!

Vor Nomen mit Vokal stehen immer mon/ton/son: mon amie – mon ami.

Grammatik

6 Die Verben auf „-er"

Finde die 20 Verbformen der Liste. Du kannst das Raster von links nach rechts und von oben nach unten lesen. Die übrigen Buchstaben ergeben einen Satz. Dann ergänze die Verbformen mit den Personalpronomen. Es gibt manchmal mehrere Möglichkeiten.

P	A	R	L	O	N	S	J	O	U	E	N	T	A	C	E
R	Ê	V	E	N	T	R	E	G	A	R	D	E	P	S	T
É	P	E	L	E	Z	L	A	F	I	N	C	D	P	U	C
F	O	C	L	L	D	È	G	E	A	L	H	D	E	A	O
É	C	O	U	T	E	N	T	R	A	V	A	I	L	L	E
R	A	N	G	E	M	A	N	G	E	O	N	S	L	L	R
O	C	T	S	O	A	N	N	E	A	T	T	C	E	U	R
N	H	I	A	V	N	A	I	L	I	L	E	U	S	M	E
S	È	N	P	L	D	U	S	E	M	O	N	T	R	E	S
N	T	U	F	R	E	D	É	T	E	S	T	E	A	N	N
Ç	E	E	A	I	Z	S	O	N	S	J	O	S	U	T	E

Phrase solution: ______________________________

______ achète
______ aimes
______ allument
______ appelles
______ chantent
______ continue
______ demandez
______ déteste
______ discutes
______ écoutent
______ épelez
______ jouent
______ mangeons
______ montres
______ parlons
______ préférons
______ range
______ regarde
______ rêvent
______ travaille

7 Die Verben auf „-er"

Stelle nun drei der Verben aus Übung 6. in der Infinitivform bildlich dar.

RAPPELLE-TOI!

Kennst du die sechs Personalendungen -e, -es, -e, -ons, -ez, -ent auswendig? Dann kannst du schon alle Verben auf -er konjugieren.

8 Die Zahlen *Trage die Zahlen ein.*

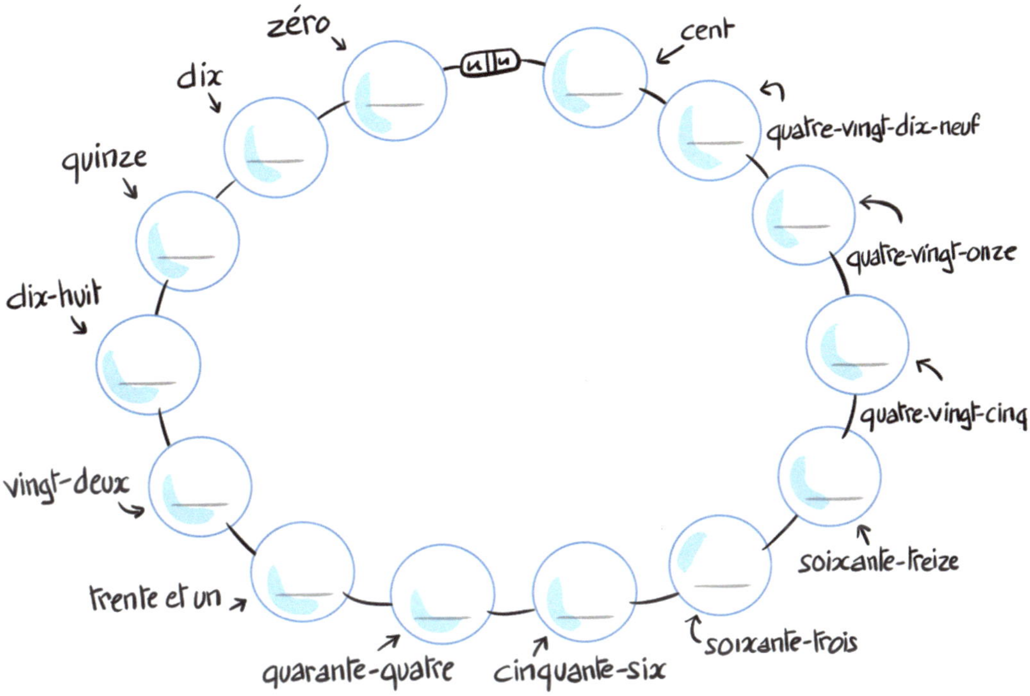

9 Die Zahlen *Kannst du das ausrechnen? Schreibe jedes Ergebnis als Zahl und als Wort.*

1. 14 + 33 = ______________________
2. 17 + 65 = ______________________
3. 98 – 26 = ______________________
4. 100 – 64 = ______________________
5. 18 + 16 – 20 = ______________________
6. 90 + 7 – 70 = ______________________
7. 100 : 2 = ______________________

Grammatik

10

Die Frage *Welche Frage passt zu welcher Antwort? Notiere den passenden Buchstaben in das Kästchen.*

1 ☐ – Elle a quel âge?

2 ☐ – À quelle heure est-ce que tu vas à la cantine?

3 ☐ – Et où est-ce que tu habites?

4 ☐ – Quand est-ce que tu as anglais?

5 ☐ – Jusqu'à quelle heure est-ce que tu as cours?

6 ☐ – C'est qui?

7 ☐ – Et il est quelle heure?

8 ☐ – Où est ton collège?

a – C'est Margot.

b – Ben, elle a douze ans comme moi.

c – Il est à la Pardieu.

d – En face du collège.

e – Le mardi et le jeudi.

f – Jusqu'à quatre ou cinq heures.

g – À midi et demi.

h – Attends ... Il est midi moins le quart.

11

Der Imperativ *Was passt zusammen? Markiere die zusammengehörigen Kästchen mit der gleichen Farbe.*

Lass uns gehen!	1	a	Prenons le bus!
Lass uns mit dem Bus fahren!	2	b	Allez à la boulangerie!
Erzählt eine Geschichte!	3	c	Partons!
Hört euch das Lied an!	4	d	Dites la vérité!
Sag die Wahrheit!	5	e	Dis la vérité!
Geht in die Bäckerei!	6	f	Racontez une histoire!
Sagt die Wahrheit!	7	g	Va dans la cour!
Geh auf den Schulhof!	8	h	Écoutez la chanson!

12 Die Verben „aimer“ und „préférer“

Was magst du? Was magst du lieber? Was magst du nicht? Bilde Sätze mit den vorgegebenen Wörtern.

les histoires drôles – les livres – les films d'horreur – les frites – les gâteaux – les fruits – les légumes – mon ordinateur

RAPPELLE-TOI!

Nach aimer und préférer steht immer das Nomen mit dem bestimmten Artikel le, la, les.

____

____

____

____

____

13 Die Verben „pouvoir“ und „vouloir“

Kreise die Formen des Verbs pouvoir *in blau und die des Verbs* vouloir *in grün ein. Du kannst das Raster von links nach rechts und von oben nach unten lesen. Dann schreibe die Verbformen mit den Personalpronomen auf.*

V	P	E	U	X	I	V	O	U	L	E	N	T
V	O	U	X	V	P	O	U	V	E	Z	E	L
E	U	A	C	P	E	U	X	V	E	U	T	O
U	V	N	V	E	U	L	E	N	T	J	U	G
X	O	P	E	U	V	E	N	T	A	I	S	N
O	N	N	D	T	E	Z	V	E	U	X	A	N
S	S	V	O	U	L	O	N	S	L	E	A	U

vouloir

je ______________________

tu ______________________

il/elle/on ______________________

nous ______________________

vous ______________________

ils/elles ______________________

pouvoir

je ______________________

tu ______________________

il/elle/on ______________________

nous ______________________

vous ______________________

ils/elles ______________________

Grammatik

14

Die Verneinung *Achtung, aufgepasst! Kannst du die fünf Unterschiede auf dem rechten Bild finden? Verwende* ne … pas (de).

Sur le dessin de droite, ______________________________

____

____

____

____

____

____

15

Das „futur composé" *Erzähle, was Clara heute vorhat. Verwende das* futur composé.

1. Elle va aller à la piscine.
2. ______
3. ______
4. ______
5. ______
6. ______

16 Die Verben auf „-dre“

Versuche, so viele Sätze wie möglich zu finden. Schreibe sie in ein Heft.

je
tu
Manon
vous
les enfants

prenez
réponds
attends
apprend
comprennent

à sept heures
devant le collège
dans sa chambre
à la maison
à l'école

la question
les leçons
le bus
l'allemand
mes copains
le petit-déjeuner

17 Der zusammengezogene Artikel

Kannst du diese Sätze vervollständigen? Verwende à *und* de *mit den Artikeln* le, la, l', les.

1. D'abord, on va ______ supermarché et après on va ______ boulangerie.
2. Le Rex, c'est loin ______ ici?
3. Le cinéma est à gauche ______ Galeries Lafayette?
4. Marie va ______ école avec ma sœur.
5. L'office de tourisme est près ______ poste.
6. J'habite en face ______ collège Clément Marot.
7. On va faire des courses ______ Galeries Lafayette.
8. Le père de Tom travaille ______ office de tourisme.

RAPPELLE-TOI!

à + le = au
à + les = aux
de + le = du
de + les = des

Grammatik

18 Die Verben auf „-ir“

Finde die Verbformen und schreibe sie auf. Was stellst du fest?

RAPPELLE-TOI!

Verben auf -ir enden im Singular auf -s, -s, -t.

	__________		__________
je	__________	je	__________
tu	__________	tu	__________
il/elle/on	__________	il/elle/on	__________
nous	__________	nous	__________
vous	__________	vous	__________
ils/elles	__________	ils/elles	__________

Bemerkung: ____________________

19 Die Präpositionen

Schau dir dieses Bild genau an. Wo haben sich die sechs Tiere versteckt?

1. La perruche ____________________
2. La souris ____________________
3. Le cochon d’Inde ____________________
4. La tortue ____________________
5. Le chat ____________________
6. Le poisson ____________________

20 Die Adjektive *Löse dieses Kreuzworträtsel, indem du die Sätze ergänzt.*

1. Quand je travaille bien, mes parents sont [?].
2. Les exercices sont [?] aujourd'hui.
3. Le cours d'histoire est souvent [?] : on apprend beaucoup de choses.
4. Julie est [?] au collège. Elle n'a pas encore de copains.
5. Mon frère est [?] : il raconte des histoires drôles.
6. Super! Mon exercice est [?].
7. Le contraire[1] de « grande ».
8. Le contraire de « froide ».
9. Beurk! Le café est déjà [?].
10. Hm, les truffes au chocolat sont très [?].
11. Il a beaucoup de muscles: il est [?] !
12. Il comprend vite: il est [?].
13. Je déteste les films tristes, je préfère les films [?].
14. – Regarde mon sac, tu l'aimes bien?
    – Oui ! Il est [?] ?

1 le contraire (de) das Gegenteil (von)

21 Der Nebensatz mit „parce que" und „quand" *Kannst du die Satzbausteine einander zuordnen? Schreibe die Buchstaben auf.*

Quand j'ai faim,	1	a	j'écoute des CD.
Je suis content	2	b	parce qu'il y a toujours des trucs super.
Je suis triste	3	c	j'aime prendre un chocolat chaud.
Quand je fais les courses,	4	d	je mange un peu de pain.
Quand je fais mes devoirs,	5	e	parce qu'il y a un film sur les éléphants.
J'aime le magasin « Lila »	6	f	j'achète toujours des jus de fruits.
Quand il fait froid,	7	g	parce que j'ai 18 en allemand.
Je vais allumer la télé	8	h	parce que mon amie n'habite plus à Lyon.

1. _____ – 2. _____ – 3. _____ – 4. _____ – 5. _____ – 6. _____ – 7. _____ – 8. _____

22

Die Mengenangaben *Was hat Clara gekauft? Fülle die Einkaufsliste aus.*

–
–
–
–
–
–
–
–
–

23

Die Mengenangaben *Diese beiden Zeichnungen sind nicht identisch. Was stimmt auf dem rechten Bild nicht? Verwende* ne ... pas de, peu de, beaucoup de.

RAPPELLE-TOI!

Ne ... pas de bedeutet, dass gar keine Menge vorhanden ist.

Sur le dessin de droite, ______________________

____

____

____

____

24 Das Verb „faire“ *Kannst du die sieben Sätze finden? Schreibe sie auf.*

1. ______
2. ______
3. ______
4. ______
5. ______
6. ______
7. ______

25 Das direkte und indirekte Objekt *Finde die Sätze, die zusammenpassen. Schreibe die Buchstaben auf.*

Kannst du die Frage beantworten?	1	a	Le monsieur répond à l'enfant.
Ich werde den Mann dort fragen.	2	b	Je vais demander l'heure à la dame.
Der Mann antwortet dem Kind.	3	c	Je vais demander au monsieur là-bas.
Das Kind stellt dem Mann eine Frage.	4	d	Je cherche une rue sur le plan.
Ich suche eine Straße auf dem Stadtplan.	5	e	L'enfant pose une question au monsieur.
Ich werde die Frau nach der Uhrzeit fragen.	6	f	Est-ce que tu peux répondre à la question?

1. ____ – 2. ____ – 3. ____ – 4. ____ – 5. ____ – 6. ____

26 **Das direkte Objektpronomen** *Finde heraus, worum es geht. Schreibe den Nomen mit dem bestimmten Artikel.*

1. Ils l'écoutent: ______________________.
2. Ils la regardent: ______________________.
3. Il le mange: ______________________.
4. Ils ne l'écoutent pas: ______________________.
5. Ils les regardent: ______________________.
6. Il les mange: ______________________.

27 **Konjugation** *Fülle so schnell wie möglich die farbigen Kästchen mit den richtigen Verbformen aus.*

	acheter	dire	mettre	venir
je				
tu				
il/elle/on				
nous				
vous				
ils/elles				

28 Das direkte Objektpronomen *Kannst du die Sätze übersetzen?*

1. Wie finden Sie mich? ______
2. Paul ist nicht da. Warum warten wir nicht auf ihn? ______
3. Ich warte auf dich vor der Schule. ______
4. Wir hören Ihnen zu, Madame! ______
5. Ich verstehe dich nicht! ______
6. Meine Eltern sind super, ich liebe sie sehr! ______
7. Hörst du uns zu, Martin? ______

RAPPELLE-TOI!

Die Objektpronomen sind so klein, dass sie immer direkt vor der Verbform bleiben, um sich nicht zu verlieren!

29 Die Präpositionen „à" und „en" *Wo ist das? Kannst du die Sätze mit dem passenden Namen ergänzen?*

1. La Tour Eiffel est à Paris.
2. Toulouse est en ______.
3. Berlin est en ______.
4. Le Gros Caillou est à ______.
5. Montmartre est à ______.
6. Francfort est en ______.
7. La Croix-Rousse est à ______.

Quiz: Über Lyon

Kennst du Lyon? *Kreuze die richtige Antwort an.*

1 Lyon (472 000 Einwohner) ist
- a ☐ die zweitgrößte Stadt Frankreichs nach Paris.
- b ☐ die drittgrößte Stadt Frankreichs nach Paris und Marseille.

2 Zwei Flüsse durchqueren Lyon,
- a ☐ die Rhône und die Saône.
- b ☐ die Rhône und die Seine.

3 Lyon ist die Hauptstadt
- a ☐ der Region Rhône-Alpes und des Departements Rhône.
- b ☐ der Region Rhône und des Departements Rhône.

4 Der Gros Caillou ist eine Sehenswürdigkeit in Lyon. Es handelt sich um einen riesigen Stein, der sich
- a ☐ in La Croix-Rousse befindet.
- b ☐ „Place des Terreaux" befindet.

5 In Lyon gibt es eine große Parkanlage
- a ☐ mit Zoo und botanischem Garten namens „Parc de la Tête d'Or".
- b ☐ mit botanischem Garten namens „Parc de la Tête d'Or".

6 Die Croix-Rousse ist ein historischer Stadtteil Lyons
- a ☐ an der Saône, in dem man viele „traboules" findet.
- b ☐ auf einem Hügel, in dem man viele „traboules" findet.

7 Die traboules sind Verbindungsgänge zwischen Häusern, die angelegt wurden,
- a ☐ damit die Seide vor Regen geschützt transportiert werden konnte.
- b ☐ damit die Seide nicht gestohlen werden konnte.

8 Die Place Bellecour ist
- a ☐ einer der größten Plätze Europas. Sie liegt im Zentrum von Lyon. In ihrer Mitte befindet sich eine Statue des französischen Königs Ludwig XIV.
- b ☐ einer der größten Plätze Frankreichs. Sie liegt im Zentrum von Lyon. In ihrer Mitte befindet sich eine Statue des französischen Königs Ludwig XV.

9 Die andouillette ist
- a ☐ eine Kuttelwurst und ist eine Lyoner Spezialität.
- b ☐ eine Schinkenart und ist eine Lyoner Spezialität.

1 Vacances[1] à Biarritz

« Ça y est, enfin! Biarritz! » dit mon père. La famille sort de la voiture[2]. Mes parents entrent dans notre maison de vacances, et, comme toujours, Zézette, notre chienne, va dans le jardin de nos voisins, les Debray. Elle aime bien Madame Debray, Zézette!
« Zézette! Zézeeette! … Coralie, va chercher la chienne » demande ma mère.
« Pourquoi toujours moi? Pourquoi est-ce que Julien ne va pas la chercher?
– Va la chercher et ne discute pas! »
Me voici donc dans le jardin des voisins. Zézette aboie[3]. Madame Debray sort toujours quand elle entend la chienne, mais aujourd'hui, elle ne vient pas. Elle n'est peut-être pas là. Un garçon sort de la maison. Je ne le connais[4] pas. Je dis bonjour et je m'excuse[5]… Il ne répond pas, il me regarde, c'est tout. Je continue: « Oui, je m'excuse pour Zé … euh … pour mon chihuahua. » (Zézette, c'est trop ridicule[6] comme nom.)
Le type ne dit rien[7]. Il me regarde toujours. Il est beau[8], il m'impressionne[9], je ne sais plus quoi dire, alors je demande où sont les Debray. Mais lui, il ne dit rien. Il ne me comprend pas. Alors, je prends le chihuahua dans mes bras[10], je dis au revoir, et je rentre chez nous. À la maison, je raconte: « Nos chers voisins ne sont pas là. Il y a des nouveaux à la place .
– Ils vont peut-être venir plus tard.» répond ma mère.
Elle ne m'écoute pas … Quand elle range la maison, elle n'écoute pas.

Le lendemain[11], Julien et moi, on va à la plage. On arrive, je regarde à droite et à gauche et devinez qui est là! Le nouveau voisin!
« Tu viens? On va nager[12]! » dit mon frère.
« Non! Je ne veux pas!
– Comment!? Tu n'aimes plus l'eau maintenant? »
Je ne réponds pas. Je ne veux pas me montrer. Je suis couleur aspirine[13], mais le type, lui, il est très bronzé[14]! Et il nage bien! Je le regarde derrière mes lunettes de soleil[15].
En fin d'après-midi, les gens partent peu à peu, le voisin part aussi et mon frère veut rentrer, mais moi, je veux aller dans l'eau.
« Mais qu'est-ce que tu as!? » demande mon frère. « Écoute, tu veux aller nager, ça te regarde, mais moi, je rentre, j'ai faim! »
Je rentre avec lui.
Le soir, on va manger une glace[16] dans Biarritz et sur qui est-ce qu'on tombe[17]? Le voisin! Je le regarde. Il est trop beau, ce garçon! Il me regarde. Vite, je regarde les vitrines. Je pense. Si Julien prend[18] vanille-chocolat, je parle au voisin demain… Zut! Il prend abricot-banane!

1 les vacances *f.* die Ferien – **2 la voiture** das Auto – **3 aboyer** bellen – **4 connaître** kennen – **5 s'excuser** sich entschuldigen – **6 ridicule** lächerlich – **7 ne … rien** nichts – **8 beau/belle** schön – **9 impressionner qn** jdn beeindrucken – **10 le bras** der Arm – **11 le lendemain** am nächsten Tag – **12 nager** schwimmen – **13 couleur aspirine** käseweiß – **14 bronzé/e** sonnengebräunt – **15 les lunettes de soleil** *f.* die Sonnenbrille – **16 la glace** das Eis – **17 tomber sur qn** auf jn stoßen – **18 si Julien prend …** wenn, falls Julien … nimmt

Le lendemain, quand on arrive à la plage, le garçon est déjà là. Il parle à une fille … sa copine? Je ne comprends pas leur langue[19]. «Dis, Julien, qu'est-ce qu'il parle comme langue, le voisin? Ce n'est pas de l'allemand?
– Je ne sais pas.
– Comment ça, tu ne sais pas? Tu apprends l'allemand au collège!
– Et alors? JE NE SAIS PAS! Il parle trop vite. Et puis il ne m'intéresse pas, le voisin!»
Mon frère va nager. Moi, je regarde mes magazines. Le voisin et la fille discutent toujours. Je voudrais bien comprendre l'allemand. Moi, j'apprends l'espagnol à l'école. Mon frère arrive mais je ne l'entends pas.
«Qu'est-ce que tu regardes comme ça?» demande-t-il.
«Je regarde l'océan!
– Pourquoi est-ce que tu cries[20]?
– Moi!? Mais je ne crie pas!»
Si, je crie, les gens nous regardent … même le voisin. Alors, je rentre à la maison …
Le soir, quand Julien arrive, il me dit: «Ah, les voisins ne sont pas allemands. Ils sont suédois. Ils sont de Stockholm. La fille et son frère parlent très bien anglais. Ils partent demain, c'est dommage[21] parce qu'ils sont super sympa. Mais j'ai leur adresse e-mail.»
Stockholm! Et ils partent demain! D'abord, je ne dis rien. Enfin, je demande leurs prénoms.
«Elle, c'est Tuva et lui, c'est Ubbe.»

19 la langue die Sprache – **20 crier** schreien – **21 c'est dommage** das ist schade

RAPPELLE-TOI!

Ist dir ein Wort unbekannt? Frage dich, ob es einem englischen oder deutschen Wort ähnlich ist. Beispiel: la langue = *the language* (die Sprache)

Kreuze die richtige Antwort an.

1. Coralie et son frère Julien sont en vacances à Biarritz
   - a ☐ chez des gens, les Debray.
   - b ☐ avec leurs parents.
2. Coralie va chercher sa chienne,
   - a ☐ Zézette, dans le jardin des voisins.
   - b ☐ Chihuahua, dans le jardin des voisins.
3. Quand ils arrivent,
   - a ☐ la chienne va toujours chez les voisins.
   - b ☐ la chienne va toujours dans leur jardin.
4. Son nouveau voisin, un jeune, ne la comprend pas
   - a ☐ parce qu'il ne parle pas français.
   - b ☐ parce qu'elle ne parle pas allemand.

5. Coralie ne veut pas nager devant le garçon
   a ☐ parce qu'elle n'aime pas l'eau.
   b ☐ parce qu'elle n'est pas bronzée comme lui.

6. Il impressionne Coralie
   a ☐ et elle le trouve super.
   b ☐ quand il parle.

7. Le garçon s'appelle Udde
   a ☐ et sa copine, c'est Tuva.
   b ☐ et il a une sœur, Tuva.

8. Julien parle anglais avec eux et il a leur adresse
   a ☐ à Stockholm.
   b ☐ e-mail.

2 Enfin les vacances[1]!

Vendredi 2 juillet

Ça y est! Je suis enfin en vacances! Pourquoi « enfin » puisque[2] je ne vais pas partir? Mon père est au chômage et on ne peut pas partir en vacances. Alors, pourquoi « enfin »? Eh bien, pendant deux mois, je ne vais pas voir[3] mes profs et mes camarades de classe! J'aime bien le collège normalement. Mais les deux semaines avant les grandes vacances, c'est l'horreur. Les élèves ne travaillent plus et parlent tout le temps de leurs vacances. Ce matin, à la fin du cours, la prof de français me demande: « Et toi, Nicolas, tu ne dis rien. Qu'est-ce que tu vas faire pendant les vacances? » Une amie allemande de ma mère dit qu'elle passe[4] ses vacances « en Balconie » quand elle ne part pas parce qu'elle va passer ses vacances chez elle, sur son balcon. Alors, je réponds: « Je vais en Balconie, Madame! » Silence. Puis Alice demande: « C'est où, la Balconie? » Alice, c'est LA bonne élève. Elle sait tout, elle connaît tout[5], et je ne l'aime pas trop. Alors, je réponds: « Ce n'est pas loin d'ici, c'est calme, ce n'est pas cher, mais c'est tout petit. »
Elle insiste: « C'est une île[6]?
– Oui, c'est un peu comme une île. »
On entend la sonnerie[7]. Ouf! Enfin! Je voudrais bien partir, mais Alice me demande: « Ton île, c'est la Bal-co-nie!? »
Alors, je réponds très sérieux[8]: « Oui, oui, c'est bien la Balconie, b-a-l-c-o-n-i-e.
– Et les habitants[9] de la Balconie, ce sont les Balcons, alors? Arrête, Nicolas! »
Elle ne trouve pas ça marrant. Je sors enfin de la classe.

1 les vacances *f.* die Ferien – **2 puisque** da – **3 voir qn** jdn sehen – **4 passer** *hier* verbringen – **5 elle sait tout, elle connaît tout** sie weiß alles, sie kennt alles – **6 une île** eine Insel – **7 la sonnerie** das Klingeln – **8 sérieux/-euse** ernst – **9 un/e habitant/e** ein/e Einwohner/in

Lundi 5 juillet

Aujourd'hui, il pleut[10] ... J'écoute de la musique dans ma chambre jusqu'à 11 heures. Mon père écrit une lettre[11] sur son ordinateur. Maman n'est pas là. Elle travaille. À midi, je vais manger avec elle dans un self-service pas loin du musée où elle travaille.
Maman est contente quand j'arrive. On mange du poulet et des frites, j'adore ça! On discute un moment, et puis maman va travailler. Moi, je retrouve mon copain, Samuel, chez lui. Samuel a 13 ans comme moi. Il ne part pas en vacances non plus. On écoute de la musique ensemble toute l'après-midi. Je rentre tard à la maison. Mon père n'est pas content parce que je n'ai pas fait les courses[12]. Je vais dans ma chambre, je n'ai pas faim.

Mercredi 14 juillet

Aujourd'hui, maman ne travaille pas. On va faire une promenade à la campagne. Papa ne veut pas venir avec nous parce qu'il veut écrire des lettres. Il est au chômage, mais il travaille du matin au soir. Il n'a pas une minute à lui, le pauvre.
Maman et moi, on prépare un super pique-nique et on va à la gare. Il y a beaucoup de gens sur le quai. (Ce sont les vacances!) On nous bouscule ... Enfin, on part.
On arrive vers 10 heures. Ensuite, on fait un tour dans la campagne pendant deux heures. Il fait chaud. On chante. Maman a le moral. J'aime la voir comme ça. On trouve un endroit[13] super pour le pique-nique. Après, on marche encore deux heures et on rentre. Le soir, on est bien. Après le dîner, nous sortons sur le balcon et nous regardons les étoiles[14]. Je pense à la « Balconie ». Je trouve ça drôle!

10 **pleuvoir** regnen – 11 **écrire une lettre** einen Brief schreiben – 12 **je n'ai pas fait les courses** ich habe nicht eingekauft – 13 **un endroit** ein Ort – 14 **une étoile** ein Stern

Jeudi 26 août

Je reprends mon journal[15]. Le temps passe vite, c'est l'horreur.
Je fais des tas de trucs. Je suis souvent avec maman et avec mon copain Samu. On va à la piscine, à la campagne, on fait des tours en ville, on va au ciné. On visite des endroits de la région.
Les vacances, c'est bien aussi, même quand on ne part pas.
Mais, dans une semaine, c'est la rentrée, déjà. Les autres vont parler de leurs vacances. « Supeeeeer! » « Trop claaaassse! » Ils vont aussi faire un défilé de mode[16] avec leurs nouvelles fringues[17], les imbéciles. Mais Samu a raison: on a encore une semaine de vacances, alors, on va en profiter[18]!

15 le journal das Tagebuch – **16 le défilé de mode** die Modenschau – **17 les fringues** *f. fam.* die Klamotten – **18 on va en profiter** wir werden es ausnutzen

Vrai ou faux? *Was hast du über Nicolas erfahren? Kreuze die richtige Antwort an.*

	Vrai	Faux
1. Nicolas aime bien les élèves de sa classe.	☐	☐
2. La Balconie, c'est une île en Allemagne.	☐	☐
3. Nicolas ne part pas en vacances parce que son père est au chômage.	☐	☐
4. Sa mère visite un musée.	☐	☐
5. Nicolas aime les promenades avec sa mère.	☐	☐
6. Samuel et Nicolas jouent tout le temps à l'ordinateur.	☐	☐
7. Nicolas fait des promenades avec son père.	☐	☐
8. Le temps passe vite en vacances.	☐	☐
9. Nicolas est content de ses vacances.	☐	☐
10. Nicolas veut voir ses copains du collège.	☐	☐

Test: Dein Urlaub

Quel/le vacancier/-ière[1] es-tu? *Mache den Test! Kreuze eine Antwort pro Frage an. Dann lese das Ergebnis im Lösungsheft, Seite 16.*

1 Vous parlez des vacances[2] avec ta famille:

a ☐ tu voudrais aller en France parce que le français t'intéresse.

b ☐ tu voudrais partir loin, sur un autre continent avec un sac à dos.

c ☐ tu préfères retrouver tes copains, là où vous allez toujours, c'est super!

2 Tu prépares ton sac pour les vacances:

a ☐ tu prends deux ou trois romans.

b ☐ tu prends trois tee-shirts et trois shorts.

c ☐ tu prends un guide de voyage[3].

3 Pour voyager[4], tu préfères prendre:

a ☐ l'avion[5].

b ☐ le train.

c ☐ le bateau[6].

4 Le premier jour des vacances:

a ☐ tu es un peu triste parce que tes copains du collège ne sont plus là.

b ☐ tu commences un journal[7].

c ☐ tu veux voir des tas de trucs, là, maintenant, vite!

5 Pendant les vacances:

a ☐ tu visites un tas de musées avec tes parents.

b ☐ tu photographies la nature!

c ☐ tu écris[8] des cartes postales à tes copains.

6 Tu es au bord de la mer:

a ☐ tu fais du surf.

b ☐ tu adores les promenades sur la plage[9].

c ☐ tu parles à des jeunes en vacances et tu les retrouves à la plage les après-midi.

7 Tu es au restaurant avec tes parents:

a ☐ tu prends un steak-frites.

b ☐ d'accord pour la spécialité de la région!

c ☐ tu ne manges pas. Tu détestes aller au restaurant.

8 Quel souvenir vas-tu acheter pour tes grands-parents?

a ☐ Un fossile!

b ☐ Un pot de miel, ils adorent ça!

c ☐ Un livre d'art, c'est très intéressant!

9 C'est la fin des vacances. Le dernier[10] jour:

a ☐ tu discutes avec tes copains des vacances.

b ☐ tu sors et fais une promenade.

c ☐ tu fais ton sac et tu ranges.

1 **le vacancier / la vacancière** der/die Urlauber/in – 2 **les vacances** *f.* die Ferien – 3 **le guide de voyage** der Reiseführer – 4 **pour voyager** um zu reisen – 5 **un avion** ein Flugzeug – 6 **le bateau** das Schiff – 7 **le journal** das Tagebuch – 8 **écrire à qn** an jdn schreiben – 9 **la plage** der Strand – 10 **dernier/dernière** letzte

À plus!

Cahier de vacances

Das Ferienheft 1

Lösungen

Cornelsen

Wortschatz

1

1. C'est le père du père de Xavier. C'est **Didier**.
2. C'est la fille de la sœur du père de Xavier. **C'est Sophie.**
3. C'est le fils de la grand-mère de Xavier. **C'est Pascal.**
4. C'est le frère de Xavier. C'est Hugo.
5. Ce sont les parents du père de Xavier. **Ce sont Marie-Claire et Didier.**
6. C'est la tante de Xavier. **C'est Aurélie.**

2

Je m'appelle Louise Blanc. Je suis en sixième au collège Clément Marot, à Lyon. J'ai onze ans. J'habite dans le quartier de la Croix-Rousse. J'ai une sœur. Elle s'appelle Marie et elle a neuf ans. On a deux chats, Zizou et Pitti. J'ai une amie, Flora. Elle est dans ma classe. Et toi, tu as des frères et sœurs? Tu as des animaux? À plus! Louise

3

J	M	A	M	A	N	E	E	N	F	A	N	T	V	C
A	I	S	P	M	É	M	É	F	R	M	E	V	T	H
C	O	P	A	I	N	R	F	I	O	I	U	O	V	I
E	P	È	R	E	P	R	R	L	C	O	P	I	N	E
M	E	S	E	C	A	M	È	L	H	O	É	S	P	N
G	R	A	N	D	P	È	R	E	A	A	P	I	I	N
T	A	N	T	E	A	R	E	S	T	E	É	N	T	C
F	I	L	S	S	O	E	U	R	O	P	I	N	E	S

Phrase solution: **Je vais retrouver mes copains et copines.**

4

1. Le **mercredi** [11] après-midi, je vais au **parc** [13] avec mes **copains** [3] et on fait des **photos** [14]. Après, on va chez Éléna à pied ou bien on prend le **bus** [1]. Elle habite dans mon **quartier** [15].
2. Quand je suis chez Éléna, son frère est toujours devant la **télévision** [16] et il regarde des **films d'horreur** [6]. Nous, on va dans la **chambre** [2] d'Éléna et on écoute de la **musique** [12]. Quand il fait chaud, on va discuter dans son **jardin** [8].
3. Éléna est très marrante: elle raconte des **histoires drôles** [7]. Avec elle, le **temps** [17] passe vite!
4. Quand je rentre à la **maison** [10], je prépare le **dîner** [4] avec ma mère. On mange, je regarde mes **e-mails** [5] et je vais au **lit** [9].

5

							10▼				12▼							
						1▶	A	P	R	È	S		13▼					
							L				U		D			14▼		
							L	11▼		2▶	P	A	R	T	I	R		
				3▶	C	H	Ô	M	A	G	E		O			E		
		8▼				9▼		A			R		I			T		
		A	4▶	T	R	I	S	T	E				T			A		
		D				C		I				5▶	E	N	T	R	E	Z
6▶	S	O	L	U	T	I	O	N								D		
		R																
7▶	D	E	M	A	N	D	E											

6

7

8

J	U	N	I	D	F	N	O	V	E	M	B	R	E	M	T
O	C	T	O	B	R	E	J	U	I	L	L	E	T	A	J
D	I	M	A	N	C	H	E	D	É	C	E	M	B	R	E
J	A	N	V	I	E	R	U	I	D	M	A	R	Z	D	U
U	M	E	R	C	R	E	D	I	S	A	M	E	D	I	E
I	A	L	I	N	D	T	I	V	E	R	A	O	Û	T	R
N	R	U	L	U	N	D	I	G	K	S	I	T	S	A	E

Mois: **février et septembre** – Jour: **vendredi**

9

Janvier		
jeudi	14	Concert avec Léo
samedi	23	Mémé
lundi	25	Cinéma avec Élodie
mercredi	27	Piscine avec Magda

10

C	E	S	T	L	F	E	X	E	R	C	I	C	E	A
M	A	T	H	S	R	M	R	E	N	T	C	O	U	R
R	É	E	L	A	A	P	U	R	A	E	A	U	T	G
S	R	E	S	C	N	L	I	V	R	E	N	R	A	É
O	E	P	L	E	Ç	O	N	H	A	I	T	S	N	O
S	N	N	S	D	A	I	E	I	C	D	I	C	G	G
P	T	I	N	Q	I	D	E	S	S	I	N	U	L	R
O	R	I	P	È	S	U	M	T	E	B	E	A	A	A
R	É	C	R	É	A	T	I	O	N	R	R	I	I	P
T	E	V	O	L	E	E	N	I	T	A	U	C	S	H
O	L	L	F	È	È	M	G	R	E	C	L	É	M	I
E	N	T	S	V	T	P	D	E	V	O	I	R	S	E
M	A	R	O	E	T	S	B	U	L	L	E	T	I	N

Phrase solution: **C'est la rentrée, Laura et ses copains de cinquième B arrivent au collège Clément Marot.**

11

<table>
<tr><th></th><th>Lundi</th><th>Mardi</th></tr>
<tr><td>9–9.55h</td><td>
le sport</td><td>
l'anglais</td></tr>
<tr><td></td><td>
la récréation</td><td>
la récréation</td></tr>
<tr><td>10.15–11.10h</td><td rowspan="2">
l'histoire</td><td>
le dessin</td></tr>
<tr><td>11.15–12.10h</td><td>
les maths</td></tr>
<tr><td></td><td>
la cantine</td><td>
la cantine</td></tr>
<tr><td>14–14.55h</td><td rowspan="2">

le français</td><td>
le CDI</td></tr>
<tr><td>15–15.55h</td><td>
la géographie</td></tr>
</table>

12

1. Du kommst zu spät.	[a] Tu es en retard.
2. Es ist zwölf Uhr Mittag.	[c] Il est midi.
3. Es ist Zeit!	[c] C'est l'heure.
4. Du kommst zu früh.	[b] Tu es en avance.
5. Wie viel Uhr ist es?	[c] Il est quelle heure?
6. Es ist halb drei.	[b] Il est deux heures et demie.

7. Ich arbeite bis 16 Uhr 40. — [c] Je travaille jusqu'à cinq heures moins vingt.
8. Um wie viel Uhr gehst du ins Schwimmbad? — [c] À quelle heure est-ce que tu vas à la piscine?

13

- *Qu'est-ce qu'on fait? On va au cirque?*
- *Le cirque, c'est nul! Tu ne préfères pas le ciné?*
- *Oh non, je ne suis pas d'accord! Je n'aime pas les films.*
- *On peut aussi aller à la piscine.*
- *D'accord, je veux bien.*

14

1. Dieses Nagetier ist weltweit verbreitet und sehr anpassungsfähig: **la souris**.
2. Dieses Tier kann den Sauerstoff nicht aus der Luft, sondern aus dem Wasser aufnehmen: **le poisson**.
3. Dieses Tier kann über sechs Tonnen wiegen: **l'éléphant**.
4. Dieses Tier ist mit dem Wolf verwandt: **le chien**.
5. Dieses Tier gibt es schon seit über 200 Millionen Jahren und seit jener Zeit hat es sich kaum verändert: **la tortue**.
6. Dieses Tier stammt aus Peru und gilt dort als Delikatesse: **le cochon d'Inde**.
7. Dieses Tier kann sich in der Luft drehen und über 1,5 Meter hohe Sprünge aus dem Stand machen: **le chat**.

15

1.	la v☺rit☺	**la vérité**	6.	le dossi☺r	**le dossier**
2.	la l☺g☺nd☺	**la légende**	7.	la r☺cr☺ation	**la récréation**
3.	le p☺r☺	**le père**	8.	les d☺tt☺s	**les dettes**
4.	le r☺v☺il	**le réveil**	9.	la moiti☺	**la moitié**
5.	la m☺moir☺	**la mémoire**	10.	le d☺faut	**le défaut**

16

17

CHANSON
ANS
CONTENT
MAGASIN
DEVINER
GÂTEAU
ADORER
ASSIETTE
CADEAU
COPAINS
ACHETER
BOUTEILLE

(vertical: ANNIVERSAIRE)

18

1 ▸ DOCUMENTALISTE
2 ▸ SECRÉTAIRE
3 ▸ CLOWN
4 ▸ PROF
5 ▸ CUISINIER
6 ▸ SURVEILLANT
7 ▸ MÉDECIN
8 ▾ POLICIER
9 ▾ SAVANT
10 ▾ MARCHAND
11 ▾ AVIATEUR

19

1. Was bedeutet das? Qu'est-ce que ça **veut dire**?
2. Was ist das? **Qu'**est-ce que c'est?
3. Man kann nicht viel mit zehn Euro machen. On **ne va pas loin** avec dix euros.
4. Man kann eine Menge mit zehn Euro machen! On peut **faire un tas** de trucs avec dix euros.
5. Vergiss es! Laisse **tomber**!
6. Du wirst schon sehen. Tu vas **voir**.
7. Deine Probleme gehen mich nichts an. Tes problèmes ne me **regardent** pas.
8. Deine Probleme interessieren mich nicht! Tes problèmes ne m'**intéressent** pas.

20

[5] – Il y a un spectacle de danse au théâtre.
[7] – Tu veux photographier les immeubles dans mon quartier?
[6] – Je sais, mais il n'y a plus de places.
[1] – Qu'est-ce qu'on fait samedi? On va au cirque?
[8] – Ah oui, j'aime la photo.
[4] – Oh non, je n'aime pas trop les films.
[2] – Non, je déteste les numéros de clowns.
[3] – Tu préfères le cinéma?

21

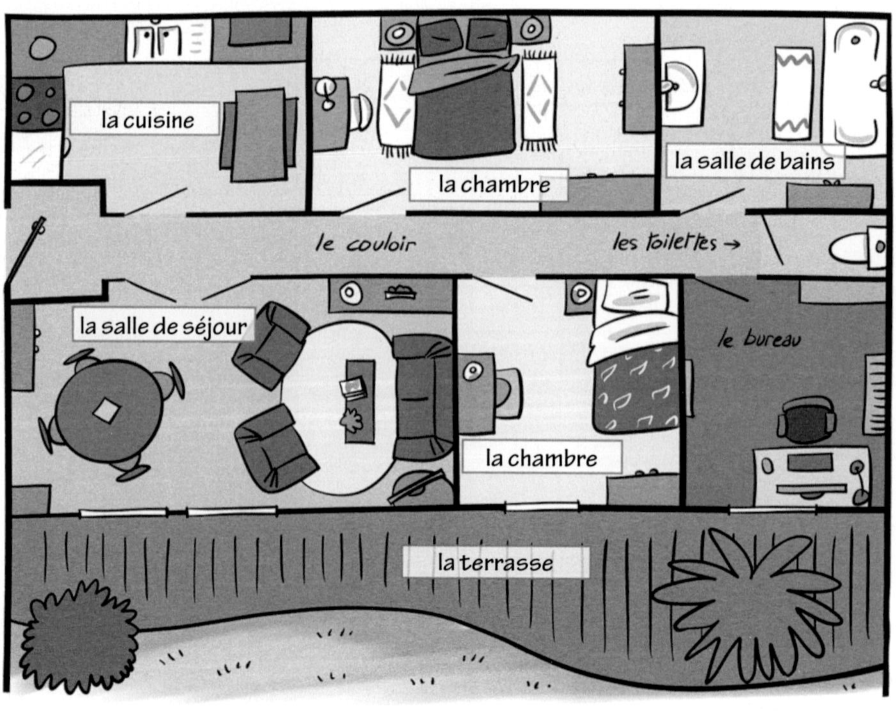

22

Client: Bonjour, Monsieur, je voudrais deux kilos de pommes de terre, s'il vous plaît.
Marchand: Voilà!
Client: Ils coûtent combien, les poivrons?

Marchand: Neuf euros, le kilo.
Client: C'est trop cher! Et les tomates, elles coûtent combien?
Marchand: Trois euros, le kilo.
Client: Alors, je vais prendre un kilo de tomates.
Marchand: Voilà! C'est tout?
Client: Oui, ça fait combien?
Marchand: Ça fait six euros soixante.

23

Quiz: Wer ist wer?

1. b – 2. a – 3. c – 4. b – 5. d – 6. a – 7. d – 8. b – 9. c – 10. b

Grammatik

1

1. Ils sont sous la chaise: **les rollers.**
2. Ils sont sur la chaise: **les livres.**
3. Il est sur le lit: **l'ours en peluche.**
4. Elle est aussi sur le lit: **la bédé.**
5. Elle est sur la porte: **l'affiche.**
6. Il est sur la table: **l'ordinateur.**
7. Elle est aussi sur la table: **la lampe / la souris.**
8. Il est sur l'armoire: **le sac.**

2

1. C'est un CD/DVD/cédérom.
2. C'est une montre.
3. Ce sont des bouteilles.
4. C'est une porte.
5. C'est une baguette.
6. C'est un stylo.

3

1. Où sont mes bédés? (être)
2. Tu as quel âge? (avoir)
3. Nous avons le temps! (avoir)
4. Ce CD est super! (être)
5. Vous allez chez Sarah? (aller)
6. Tu es aussi en sixième? (être)
7. Ils ont des copains à Paris. (avoir)
8. Elles vont au collège. (aller)

4

Vorschläge: La dame est avec ses enfants. / Les enfants sont avec leur mère.
Le garçon est sur son skate.
Les enfants jouent avec leurs copains.
L'homme est avec ses chiens.
La fille parle à son copain. / Le garçon parle à sa copine.
Les parents mangent une glace avec leur enfant. / L'enfant mange une glace avec ses parents.
La fille pose ses rollers sur son sac.

5

1. Ce sont les parents de mon père. Ce sont tes grands-parents.
2. Elle travaille dans un hôpital et rentre tard chez toi. C'est ma mère.
3. Il adore les carottes et habite dans ta chambre. C'est mon cochon d'Inde.
4. Ils habitent près de chez moi. Ce sont tes voisins.
5. Il donne beaucoup de devoirs. C'est notre prof de français.
6. Tu fais souvent leurs devoirs. Ce sont mes frères et sœurs.

6

P	A	R	L	O	N	S	J	O	U	E	N	T	A	C	E
R	Ê	V	E	N	T	R	E	G	A	R	D	E	P	S	T
É	P	E	L	E	Z	L	A	F	I	N	C	D	P	U	C
F	O	C	L	L	D	È	G	E	A	L	H	D	E	A	O
É	C	O	U	T	E	N	T	R	A	V	A	I	L	L	E
R	A	N	G	E	M	A	N	G	E	O	N	S	L	L	R
O	C	T	S	O	A	N	N	E	A	T	T	C	E	U	R
N	H	I	A	V	N	A	I	L	I	L	E	U	S	M	E
S	È	N	P	L	D	U	S	E	M	O	N	T	R	E	S
N	T	U	F	R	E	D	É	T	E	S	T	E	A	N	N
Ç	E	E	A	I	Z	S	O	N	S	J	O	S	U	T	E

Phrase solution: C'est la fin du collège, alors on ne travaille plus en français, on joue.

j'/il/elle/on achète
tu aimes
ils/elles allument
tu appelles
ils/elles chantent
je/il/elle/on continue
vous demandez
je/il/elle/on déteste
tu discutes
ils/elles écoutent
vous épelez
ils/elles jouent
nous mangeons
tu montres
nous parlons
nous préférons
je/il/elle/on range
je/il/elle/on regarde
ils/elles rêvent
je/il/elle/on travaille

7 Vorschläge

chanter

aimer

écouter

regarder

8

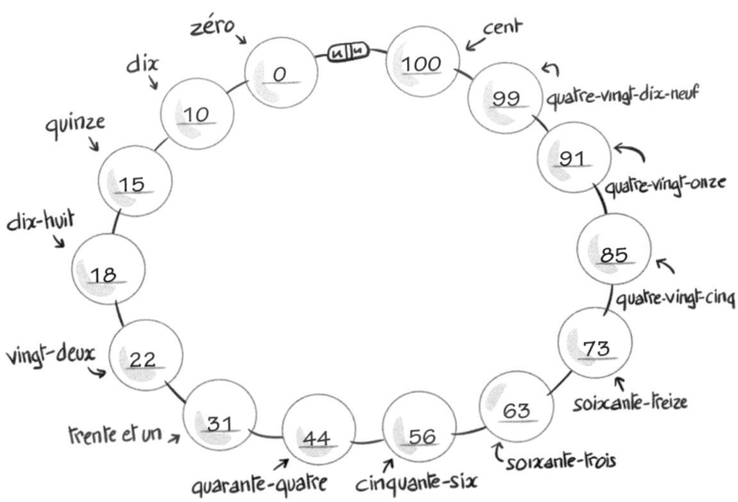

9

1. 14 + 33 = **47 (quarante-sept)**
2. 17 + 65 = **82 (quatre-vingt-deux)**
3. 98 – 26 = **72 (soixante-douze)**
4. 100 – 64 = **36 (trente-six)**
5. 18 + 16 – 20 = **14 (quatorze)**
6. 90 + 7 – 70 = **27 (vingt-sept)**
7. 100 : 2 = **50 (cinquante)**

10

1. – Elle a quel âge? [b] – Ben, elle a douze ans comme moi.
2. – À quelle heure est-ce que tu vas à la cantine? [g] – À midi et demi.
3. – Et où est-ce que tu habites? [d] – En face du collège.
4. – Quand est-ce que tu as anglais? [e] – Le mardi et le jeudi.
5. – Jusqu'à quelle heure est-ce que tu as cours? [f] – Jusqu'à quatre ou cinq heures.
6. – C'est qui? [a] – C'est Margot.
7. – Et il est quelle heure? [h] – Attends ... Il est midi moins le quart.
8. – Où est ton collège? [c] – Il est à la Pardieu.

11

Lass uns gehen!	1	c	Partons!
Lass uns mit dem Bus fahren!	2	a	Prenons le bus!
Erzählt eine Geschichte!	3	f	Racontez une histoire!
Hört euch das Lied an!	4	h	Écoutez la chanson!
Sag die Wahrheit!	5	e	Dis la vérité!
Geht in die Bäckerei!	6	b	Allez à la boulangerie!
Sagt die Wahrheit!	7	d	Dites la vérité!
Geh auf den Schulhof!	8	g	Va dans la cour!

12

Vorschläge: *J'aime les légumes mais je préfère les frites. Je n'aime pas les fruits. J'aime les livres, mais je préfère mon ordinateur. J'aime les histoires drôles. Je n'aime pas les films d'horreur.*

13

V	P	E	U	X	I	V	O	U	L	E	N	T
V	O	U	X	V	P	O	U	V	E	Z	E	L
E	U	A	C	P	E	U	X	V	E	U	T	O
U	V	N	V	E	U	L	E	N	T	J	U	G
X	O	P	E	U	V	E	N	T	A	I	S	N
O	N	N	D	T	E	Z	V	E	U	X	A	N
S	S	V	O	U	L	O	N	S	L	E	A	U

	vouloir		**pouvoir**
je	*veux*	je	*peux*
tu	*veux*	tu	*peux*
il/elle/on	*veut*	il/elle/on	*peut*
nous	*voulons*	nous	*pouvons*
vous	*voulez*	vous	*pouvez*
ils/elles	*veulent*	ils/elles	*peuvent*

14

Vorschläge: *Sur le dessin de droite, il n'y a pas d'eau dans la bouteille. Il n'y a pas de bananes dans l'assiette. Le poulet n'est pas sur la table. Les garçons ne font pas de truffes au chocolat / de gâteau. L'enfant ne pleure pas.*

15

1. *Elle va aller à la piscine.*
2. *Elle ne va pas faire les courses.*
3. *Elle va écouter des CD.*
4. *Elle ne va pas ranger sa chambre.*
5. *Elle ne va pas aller au cinéma.*
6. *Elle va retrouver ses copines.*

16

Vorschläge: *Je réponds à la question.*
Vous prenez le bus à sept heures.
Manon apprend l'allemand à l'école.
Tu attends devant le collège.
J'attends mes copains.
Vous prenez le petit-déjeuner à la maison.
Les enfants comprennent les leçons.

17

1. D'abord, on va **au** supermarché et après on va **à la** boulangerie.
2. Le Rex, c'est loin **d'**ici?
3. Le cinéma est à gauche **des** Galeries Lafayette?
4. Marie va **à l'**école avec ma sœur.
5. L'office de tourisme est près **de la** poste.
6. J'habite en face **du** collège Clément Marot.
7. On va faire des courses **aux** Galeries Lafayette.
8. Le père de Tom travaille **à l'**office de tourisme.

18

	sortir		partir
je	**sors**	je	**pars**
tu	**sors**	tu	**pars**
il/elle/on	**sort**	il/elle/on	**part**
nous	**sortons**	nous	**partons**
vous	**sortez**	vous	**partez**
ils/elles	**sortent**	ils/elles	**partent**

Bemerkung: „sortir" und „partir" werden gleich konjugiert. Das sind Verben auf „-ir".

19

1. La perruche **est sur l'armoire.**
2. La souris **est derrière la porte.**
3. Le cochon d'Inde **est sur la table (à droite de la souris).**
4. La tortue **est sous le lit.**
5. Le chat **est dans le carton.**
6. Le poisson **est devant le caillou sur la table.**

20

1 ▸ CONTENTS
2 ▸ FACILES
3 ▸ INTÉRESSANT
4 ▸ NOUVELLE
5 ▸ MARRANT
6 ▸ JUSTE
7 ▸ PETITE
8 ▾ CHAUDE
9 ▾ FROID
10 ▾ BONNES
11 ▾ FORT
12 ▾ INTELLIGENT
13 ▾ DRÔLE
14 ▾ NOUVEAU

21

Quand j'ai faim,	1	d	je mange un peu de pain.
Je suis content	2	g	parce que j'ai 18 en allemand.
Je suis triste	3	h	parce que mon amie n'habite plus à Lyon.
Quand je fais les courses,	4	f	j'achète toujours des jus de fruits.
Quand je fais mes devoirs,	5	a	j'écoute des CD.
J'aime le magasin « Lila »	6	b	parce qu'il y a toujours des trucs super.
Quand il fait froid,	7	c	j'aime prendre un chocolat chaud.
Je vais allumer la télé	8	e	parce qu'il y a un film sur les éléphants.

22

- une baguette
- un pot de miel
- un kilo de bananes
- un poulet
- deux poivrons
- une bouteille de jus d'oranges
- deux concombres
- une tablette de chocolat
- un kilo de tomates

23

Vorschläge: Sur le dessin de droite, il y a beaucoup de crème, il n'y a pas de farine, il n'y a pas d'eau, il y a peu de pommes de terre, il y a beaucoup d'oignons, il n'y a pas d'oranges, il y a peu de beurre, il y a beaucoup de carottes.

24

1. Tu fais tes devoirs avec ta sœur.
2. Elle fait des truffes au chocolat.
3. Ils font les courses dans un supermarché.
4. Qu'est-ce que vous faites ce soir?
5. Je fais un tour en ville avec mes copains.
6. On fait un tas de fautes en allemand.
7. Nous faisons nos devoirs ensemble.

25

Kannst du die Frage beantworten?	1	f	Est-ce que tu peux répondre à la question?
Ich werde den Mann dort fragen.	2	c	Je vais demander au monsieur là-bas.
Der Mann antwortet dem Kind.	3	a	Le monsieur répond à l'enfant.
Das Kind stellt dem Mann eine Frage.	4	e	L'enfant pose une question au monsieur.
Ich suche eine Straße auf dem Stadtplan.	5	d	Je cherche une rue sur le plan.
Ich werde die Frau nach der Uhrzeit fragen.	6	b	Je vais demander l'heure à la dame.

26

1. Ils l'écoutent: la prof.
2. Ils la regardent: la télé.
3. Il le mange: le pain au chocolat.
4. Ils ne l'écoutent pas: le prof.
5. Ils les regardent: les photos.
6. Il les mange: les truffes au chocolat.

27

	acheter	dire	mettre	venir
je		dis	mets	
tu				viens
il/elle/on	achète		met	
nous		disons	mettons	venons
vous	achetez	dites		
ils/elles			mettent	viennent

28

1. Wie finden Sie mich? **Comment est-ce que vous me trouvez?**
2. Paul ist nicht da. Warum warten wir nicht auf ihn? **Paul n'est pas là. Pourquoi est-ce qu'on ne l'attend pas?**
3. Ich warte auf dich vor der Schule. **Je t'attends devant l'école.**
4. Wir hören Ihnen zu, Madame! **On vous écoute, Madame!**
5. Ich verstehe dich nicht! **Je ne te comprends pas!**
6. Meine Eltern sind super, ich liebe sie sehr! **Mes parents sont super, je les adore!**
7. Hörst du uns zu, Martin? **Martin, tu nous écoutes?**

29

1. La Tour Eiffel est à **Paris.**
2. Toulouse est en **France.**
3. Berlin est en **Allemagne.**
4. Le Gros Caillou est à **Lyon.**
5. Montmartre est à **Paris.**
6. Francfort est en **Allemagne.**
7. La Croix-Rousse est à **Lyon.**

Quiz: Über Lyon

1. b – 2. a – 3. a – 4. a – 5. a – 6. b – 7. a – 8. a – 9. a

Lektüre

1

1. Coralie et son frère Julien sont en vacances à Biarritz
   b ✓ avec leurs parents.
2. Coralie va chercher sa chienne,
   a ✓ Zézette, dans le jardin des voisins.
3. Quand ils arrivent,
   a ✓ la chienne va toujours chez les voisins.
4. Son nouveau voisin, un jeune, ne la comprend pas
   a ✓ parce qu'il ne parle pas français.
5. Coralie ne veut pas nager devant le garçon
   b ✓ parce qu'elle n'est pas bronzée comme lui.

6. Il impressionne Coralie
   a ☑ et elle le trouve super.
7. Le garçon s'appelle Udde
   b ☑ et il a une sœur, Tuva.
8. Julien parle anglais avec eux et il a leur adresse
   b ☑ e-mail.

2

		Vrai	Faux
1.	Nicolas aime bien les élèves de sa classe.	☐	☑
2.	La Balconie, c'est une île en Allemagne.	☐	☑
3.	Nicolas ne part pas en vacances parce que son père est au chômage.	☑	☐
4.	Sa mère visite un musée.	☐	☑
5.	Nicolas aime les promenades avec sa mère.	☑	☐
6.	Samuel et Nicolas jouent tout le temps à l'ordinateur.	☐	☑
7.	Nicolas fait des promenades avec son père.	☐	☑
8.	Le temps passe vite en vacances.	☑	☐
9.	Nicolas est content de ses vacances.	☑	☐
10.	Nicolas veut voir ses copains du collège.	☐	☑

Test: Dein Urlaub

Kreise deine Ergebnisse ein.

	1	2	3	4	5	6	7	8	9
a	●	■	■	■	●	▲	■	▲	●
b	▲	▲	●	●	▲	■	●	■	▲
c	■	●	▲	▲	■	●	▲	●	■

Tu as un maximum de ■: Tu as tes habitudes[1] et tu n'aimes pas trop les surprises. Pour toi, les vacances, c'est la famille et le repos[2]. Comme tu aimes bien rêver, c'est super!

Tu as un maximum de ●: Tu es curieux/-euse[3] et ouvert/e[4]. Tu t'intéresses beaucoup à la culture, tu aimes découvrir[5] et apprendre des tas de trucs. Super! Les vacances sont là pour ça!

Tu as un maximum de ▲: Tu es un/e aventurier/-ière[6]. Le repos et le confort, ce n'est pas ton truc! Tu préfères voyager, découvrir la nature et bouger[7] au grand air! Tu aimes les émotions fortes!

1 **une habitude** eine Gewohnheit, d'habitude gewöhnlich – 2 **le repos** die Ruhe – 3 **curieux/curieuse** neugierig – 4 **ouvert/e** offen – 5 **découvrir qc** etw. entdecken – 6 **un aventurier / une aventurière** ein/e Abenteurer/in – 7 **bouger** sich bewegen